LE
MARIAGE DES PRÊTRES
EN DROIT CIVIL

PAR

M. LE CHANOINE ALLÈGRE

EXTRAIT DE LA *REVUE DU MONDE CATHOLIQUE*

PARIS
SOCIÉTÉ GÉNÉRALE DE LIBRAIRIE CATHOLIQUE
Victor PALMÉ, Directeur général
76, rue des Saints-Pères, 76

BRUXELLES
SOCIÉTÉ BELGE DE LIBRAIRIE
8, rue Treurenberg, 8

GENÈVE
HENRI TREMBLEY, LIBRAIRE-ÉDITEUR
4, rue Corraterie, 4

1889

LE MARIAGE DES PRÊTRES EN DROIT CIVIL

« A l'indissolubilité du sacerdoce, vous allez substituer l'indissolubilité du mariage sacrilège. »

ROBINET DE CLÉRY.

Parmi les controverses de droit, il n'en est peut-être aucune qui ait fait l'objet d'un si grand nombre d'écrits et de discussions, que la question de savoir si notre code admet le mariage des prêtres, en droit civil, ou si, conformément au droit canonique, il voit un empêchement au mariage dans les ordres majeurs ou les vœux de religion. On l'explique, du reste, facilement, puisque cette controverse de droit privé se relie à une question des plus graves, qui touche à la fois à la théologie, à la morale, à l'économie politique, la question du célibat ecclésiastique. Si, malgré les nombreux travaux antérieurs qui rendent la discussion presque banale, la controverse est reprise ici, c'est qu'un récent et radical changement survenu dans la jurisprudence de la Cour de cassation lui rend toute son actualité.

Avant de l'aborder, il importe d'observer qu'elle se distingue nettement d'une autre question où, quoique les mêmes personnes se trouvent en cause, les principes de solution sont absolument différents, celle de savoir si une personne peut faire prononcer la nullité de son mariage, lorsqu'elle a épousé un individu engagé dans les ordres sacrés, ou lié par des vœux de religion, le croyant libre de tout lien de ce genre. C'est là un des aspects de la controverse soulevée sous l'article 180 du code civil; l'erreur d'un conjoint sur les qualités de l'autre, au moins sur les qualités substantielles et constitutives de la personne, doit-elle faire annuler le mariage? Nous croyons que ce mariage est nul, mais nous n'avons pas à traiter ici ce sujet; ce que nous allons examiner, c'est la question de savoir si, indépendamment de toute erreur, le mariage d'un clerc, engagé dans les ordres majeurs, ou d'un religieux non prêtre, ou d'une religieuse, est nul en droit civil; s'il l'est, toute discussion relative à la question d'erreur portant sur la qualité de clerc-ordonné ou de religieux, demeure sans intérêt et sans application pratique.

Nous nous occuperons d'abord des ordres sacrés, puis des vœux de religion.

I

Relativement aux ordres sacrés, nous allons, avant d'aborder la controverse, rappeler l'historique de la question.

L'histoire de l'ancien droit français sur l'empêchement au mariage résultant des ordres sacrés n'est autre que celle du droit canonique : la législation de l'ancienne France sur ce point a fait sien l'empêchement que met le droit canonique au mariage des clercs engagés dans les ordres majeurs (1).

Aucune controverse de droit civil ne s'éleva à ce sujet jusqu'à l'époque de la Réforme. Quand des prêtres catholiques eurent embrassé le calvinisme, les juridictions civiles eurent à se prononcer sur le point de savoir s'ils pouvaient contracter un mariage valable aux yeux de la loi, et l'on invoquait, pour le leur permettre, le quarantième des Articles secrets de l'Édit de Nantes. Le Parlement de Paris n'admit point cette thèse, et, par arrêt du 22 août 1640, rendu sur les conclusions conformes de l'avocat général Omer Talon (2), décida qu'un prêtre devenu calviniste ne pouvait pas contracter un mariage valable.

Mais le droit révolutionnaire a abrogé cette législation. La Constitution du 3 septembre 1791 déclare, dans son préambule, que « la loi ne reconnaît plus ni vœux religieux, ni aucun autre engagement qui serait contraire aux droits naturels » ; la loi du 20 septembre 1792 sur le mariage, dans son titre IV, section I, ne range pas les ordres sacrés parmi les empêchements; enfin, le décret du 19 juillet 1793 prononce la peine de la déportation contre les évêques qui s'opposeraient au mariage des prêtres; celui du 12 août annule, dans son article 1er, « toute destitution de ministre du culte catholique, qui aurait pour cause le mariage des individus qui y sont attachés » ; celui du 17 septembre assure leur traitement aux prêtres mariés qui seraient inquiétés par leurs communes à cause de leur mariage; et ceux des 15 novembre et 2 décembre

(1) Pothier, *Traité du contrat de Mariage*, n° 117

(2) Soefve, *Nouveau recueil de plusieurs questions notables*, t. I, p. 24.

déclarent que les prêtres mariés ne sont pas sujets à la déportation ni à la réclusion même, s'ils n'ont pas prêté serment à la Constitution civile du clergé. Le droit révolutionnaire faisait donc plus que de permettre le mariage des prêtres, il l'encourageait.

Le Concordat du 28 fructidor an IX rétablit, dans son article 1er, le libre et public exercice de la religion catholique; et la loi du 18 germinal an X, Articles organiques du Concordat, punit, dans ses articles 6 et 26, l'infraction aux canons reçus en France. De ces textes législatifs, on a, malgré le silence du code civil de 1804, conclu que, dès 1802, l'ancien empêchement dirimant au mariage résultant des ordres sacrés est redevenu en vigueur (1); mais d'autres ne veulent y voir qu'un empêchement prohibitif (2); d'autres, enfin, soutiennent qu'il n'y a aucune espèce d'empêchement (3).

La Cour de cassation s'est prononcée pour la première fois (4) le 21 février 1833 (5); à cette date, la chambre des requêtes déclare valable l'opposition faite par un père au mariage de son fils engagé dans les ordres sacrés (affaire Dumonteil).

Le 11 février de la même année (6), M. Portalis fils avait présenté à la Chambre des députés un projet de loi qui tranchait la question, en décidant qu'il n'y avait pas d'autres empêchements au mariage que ceux nominativement indiqués par les textes formels du code. Cette proposition fut prise en considération, le 23, après une brillante discussion à laquelle prirent part MM. Portalis, Jaubert, Lherbette, de la Rochefoucauld, Berryer et Dupin (7), mais elle n'eut pas d'autre suite.

La chambre des requêtes de la Cour de cassation, fidèle à sa jurisprudence, déclare encore, le 23 février 1847 (8), (affaire Vi-

(1) Avocat général Robinet de Cléry, *Conclusions*, Dalloz, 78, I, 115.

(2) Proc. gén. Dumont Saint-Priest, *Conclusions*, Dalloz, 46, II, 41.

(3) Proc. gén. Persil, *Conclusions*, Dalloz, 32, II, 46. — Proc. gén. Dupin, *Conclusions*, Dalloz, 33, I, 121. — Proc. gén. Melcot, *Conclusions*, *La Loi* du 7 février 1886. — Proc. gén. Ronjat, *Conclusions*, Dalloz, 88, I, 101.

(4) Dans les arrêts du 16 octobre 1809 (Dalloz, *Répertoire*, v° *Culte*, n° 115) et du 9 janvier 1821 (*Ibid.*, v° *Mariage*, n° 210), la question résolue s'était posée à propos du mariage d'un prêtre; mais il ne s'agissait pas de décider s'il y a empêchement à ce mariage.

(5) Dalloz, *Répertoire*, v° *Culte*, n° 117.

(6) *Moniteur* du 12 février 1833, p. 351, col. 2.

(7) *Moniteur* du 24 février 1833, p. 501 à 506.

(8) Dalloz, 47, I, 129. — Cf. à propos d'un diacre l'arrêt d'Alger du 11 décembre 1851, Dalloz, 52, V, 361. (Affaire de Montmilly.)

gnaud), bien fondée l'opposition du ministère public au mariage d'un prêtre.

En 1848, une pétition est adressée à l'Assemblée nationale pour demander une loi qui autorise le mariage des prêtres; la commission, par l'organe de M. Grelier Dufougeroux, conclut au rejet de la demande (1). L'Assemblée législative fut saisie, le 12 décembre 1850, d'une proposition de M. Raspail, interdisant aux maires et aux fonctionnaires publics de s'opposer au mariage des prêtres et religieux (2). Le 4 janvier 1851, elle fut l'objet d'un rapport défavorable de M. Moulin (3), et l'Assemblée la repoussa le 23 (4).

La chambre des requêtes de la Cour de cassation se prononça encore dans le même sens et d'une façon parfaitement nette, le 26 février 1878 (5), en rejetant le pourvoi formé contre un arrêt qui reconnaissait l'engagement dans les ordres sacrés comme empêchement dirimant au mariage et prononçait la nullité du mariage contracté par un prêtre (affaire Aupy).

En présence de cet arrêt, le plus formel qui eût encore été rendu, M. Jules Favre écrivait, le 2 août 1878 (6), qu'il était temps d'aviser; et un député, M. Saint-Martin, ému de cette affirmation si précise de la jurisprudence et des termes dans lesquels l'organe du ministère public, M. Robinet de Cléry, avait conclu devant la cour, présenta à la Chambre, le 10 mars 1879 (7), un projet de loi portant qu'il n'y aurait pas d'autres prohibitions de mariage que celles limitativement indiquées par le code civil et les lois militaires (8). Mais la législature prit fin avant que le projet fût venu en discussion.

La Cour de cassation fut de nouveau saisie en 1888 par le pourvoi formé contre un arrêt de la cour d'Amiens, du 30 janvier 1886 (9) (affaire Sterlin), qui avait abandonné la jurisprudence de la chambre des requêtes et refusé de prononcer la nullité du mariage d'un prêtre; cette fois le pourvoi fut admis par la chambre des requêtes, puisqu'il s'appuyait sur sa propre jurisprudence; la chambre civile

(1) Moulin, *Rapport*, *Moniteur* du 8 janvier 1851, p. 65, col. 1.
(2) *Ibid.* du 13 décembre 1850, p. 3565, col. 2.
(3) *Ibid.* du 8 janvier 1851, p. 64, col. 3.
(4) *Ibid.* du 24 janvier 1851, p. 247, col. 1.
(5) Dalloz, 78, I, 113.
(6) *Plaidoyers* (*Discours et écrits divers*), t. IV, p. 547.
(7) *Journal officiel* du 11, p. 1883, col. 3.
(8) *Journal officiel* du 27 mars 1879, p. 2572, col. 3.
(9) Dalloz, 86, II, 42.

fut donc saisie, et le 25 janvier 1888 (1), elle décida qu'il n'y avait aucun empêchement au mariage qui résultât de la qualité de prêtre, et qu'un mariage contracté par un prêtre catholique est valide. L'arrêt semble dire, il est vrai, que le mariage est interdit au prêtre, tant qu'il conserve l'exercice de son ministère; mais la question de mariage ne peut se poser que pour un prêtre qui renonce aux fonctions sacerdotales; l'arrêt revient donc à dire que les prêtres peuvent se marier. C'est, a-t-on dit (2), « un véritable arrêt révolutionnaire qui cadre avec la politique de laïcisation et les projets d'abrogation du Concordat ». Il ne faut cependant pas oublier que, bien avant l'inauguration de cette politique, beaucoup d'auteurs (3), même les moins défavorables à l'Église, se séparaient de la jurisprudence de la Cour de cassation antérieure à 1888, et se refusaient à voir dans les ordres sacrés un empêchement au mariage; plusieurs tribunaux de première instance (4) se rangeaient aussi à la même opinion; c'est encore en ce sens que la jurisprudence belge interprète le code civil (5).

II

Après avoir ainsi retracé l'historique de la question, nous allons aborder l'examen de la controverse elle-même (6).

On dit parfois en faveur de la nullité du mariage de prêtres que, si ce mariage était permis, il y aurait lieu de craindre que des prêtres n'abusassent de leur autorité et de leurs fonctions sacerdotales pour déterminer des jeunes filles à les épouser. Nous n'invoquerons pas cet argument; ce sont là, en effet, des craintes chimériques et blessantes pour le clergé; si, d'ailleurs, on pouvait craindre d'un mauvais prêtre un semblable abus d'influence, ce ne serait pas

(1) Dalloz, 88, I, 97. — Cf. Tribunal de la Seine, 19 mai 1888, *La Loi* du 24.

(2) Arthur Loth, *l'Univers* du 27 janvier 1888. — Cf. A. de Claye, *le Monde* du 27 janvier 1888.

(3) Voir Labbé, *Note, Recueil de Sirey*, 1878, I, 241. — A. Plocque, *De la condition juridique du prêtre catholique*, p. 166. — Aubry et Rau, *Cours de Droit civil*, 4e édition, § 464, note 15.

(4) Dalloz, 29, II, 52, note 3, et 32, II, 45, note 1.

(5) Gauthier de Clagny, *Plaidoirie, Revue des Grands Procès*, 1888, p. 506.

(6) Cf. Lepelletier, *Rapport*, Dalloz, 78, I, 113. — Merville, *Rapport*, Dalloz, 88, I, 97. — Sabatier, *Plaidoirie, Revue des Grands Procès*, 1888, p. 467. — Théry, *Revue catholique des Institutions et du Droit*, t. IX, p. 32. — Robinet de Cléry, *Ibid.*, t. X, p. 244. — Auzias, *Ibid.*, t. XIII, p. 28.

la possibilité d'un mariage civil légitime qui augmenterait le danger; enfin ces considérations seraient peut-être de nature à toucher le législateur s'il hésitait à porter une loi contre le mariage des prêtres, mais ce ne sont pas là des arguments de droit, pour conclure que la nullité de tels mariages est déjà écrite dans les codes.

Le même motif nous empêche de nous arrêter à l'argument tiré de l'article 909 du code civil, annulant les dispositions faites en faveur du ministre du culte qui a assisté le défunt dans sa dernière maladie. Ce texte marque bien, il est vrai, que la loi redoute l'abus d'influence des prêtres dans un cas particulier, mais de là à conclure qu'elle veut, par crainte d'autres abus d'influence, annuler leur mariage, il y a loin. D'ailleurs, si l'argument était probant, il entraînerait la nullité du mariage des pasteurs protestants, des rabbins et même des médecins auxquels s'applique également l'article 909.

Nous ne chercherons pas non plus à justifier la nullité du mariage résultant des ordres sacrés par l'usage et la coutume suivis en France, car, d'après l'article 7 de la loi du 30 ventôse an XII, qui met en vigueur le code civil, la coutume n'a pas en France force de loi; c'est là un point incontesté.

Toutefois, ces deux ordres de considérations étant laissés de côté, il ne manque pas pour cela d'arguments irréprochables.

L'ordinand s'est engagé, au jour de l'ordination, à ne jamais contracter mariage, et ce n'est qu'à raison de cet engagement qu'il a été ordonné. Voilà un fait que personne ne peut contester. La convention passée ainsi entre l'ordinand et l'évêque qui l'ordonne est civilement obligatoire; aussi nul doute que tout acte fait en contravention de cet engagement, qui constitue la loi des parties, d'après l'article 1134 du code civil, le mariage, par conséquent, ne soit entaché de nullité (1).

Mais ici se présente une difficulté : la promesse de ne pas se marier est nulle, dit-on, comme contraire à la liberté et par suite aux bonnes mœurs; la loi civile annule pour ce motif tout engagement que prendrait une personne de rester toute sa vie dans tel ou tel état déterminé.

Cette considération, cependant, ne fait pas échec à notre raisonnement; il n'est pas, en effet, interdit d'une manière générale de

(1) Marcadé, *Eléments de Droit civil*, 2e édition, t. I, p. 491.

s'engager à rester toute sa vie dans un état déterminé; notamment, aux yeux de tous, le mariage constitue un engagement légal de rester jusqu'à la mort uni à son conjoint, et l'institution du divorce, du moins dans les limites où l'ont restreinte le code civil et la loi du 27 juillet 1884, n'empêche pas que le mariage ne soit un engagement perpétuel reconnu par la loi. Inversement, l'obligation de ne jamais se marier n'a rien non plus de contraire à la loi civile. La loi des 13-19 février 1790 décida, il est vrai, que cet engagement ne serait plus reconnu par le droit civil. Mais personne ne peut soutenir que cette nullité civile de l'obligation de ne pas se marier, établie par le droit révolutionnaire, soit encore en vigueur aujourd'hui. Elle l'est si peu que l'article 101 du décret du 17 mars 1808 imposait le célibat aux proviseurs, censeurs et maîtres d'études des lycées.

Dans ces conditions, sur le terrain du pur droit civil, on doit conclure que l'engagement pris par l'ordinand envers l'évêque n'a rien d'illégal.

En vain objectera-t-on (1) que le prêtre ne s'engage pas envers l'État à garder le célibat. Qu'importe? Il s'engage envers l'évêque; c'est là une convention comme toute autre, elle est valable, elle est civilement obligatoire, donc tout acte qui la viole est nul.

Et même, s'il est vrai que l'ordinand ne s'engage pas, à proprement parler, envers l'État, le pouvoir civil intervient au moins d'une certaine manière dans ce contrat. Napoléon le déclarait nettement au conseil d'État : « Quand, disait-il (2), j'autorise l'ordination d'un clerc, je reconnais nécessairement en lui le caractère sacerdotal; je l'avoue pour prêtre. Quiconque s'engage dans les ordres sacrés contracte l'obligation de garder le célibat, et cette obligation est approuvée par le prince. » La reconnaissance par le pouvoir civil du vœu de célibat qui lie définitivement le prêtre, est précisément le motif qui explique son intervention pour requérir diverses conditions préalablement à l'ordination.

« L'article 4 du décret du 28 février 1810, dit le cardinal Desprez (3), dispose que les clercs, avant d'être promus aux ordres majeurs, devront justifier du consentement des parents, ainsi que

(1) Demolombe, *Cours de Code civil*, édit. 1846, t. III, p. 208.

(2) Moulin, *Rapport*, *Moniteur* du 8 janvier, 1851, p. 65, col. 1, note 3. — Berryer, *Discours*, *Moniteur* du 24 février 1833, p. 505, col. 2.

(3) *Le Monde* du 27 janvier 1888.

cela est prescrit par les lois civiles pour le mariage des fils âgés de moins de vingt-cinq ans accomplis. Pensez-vous que la législation eût prescrit ces formalités si la promotion aux ordres sacrés n'avait eu, à ses yeux, la valeur d'un engagement définitif, par lequel le ministre de Dieu renonce de son plein gré et pour toujours aux joies de la famille? »

Mais peu importe que l'État intervienne ou non à l'ordination, il suffit que l'engagement pris envers l'évêque à l'ordination ne soit contraire à aucune loi civile; dès lors le mariage ultérieur d'un homme qui a reçu les ordres est nul, comme violant une obligation légalement contractée. L'argument qui s'appuie sur cet engagement suffirait donc à lui seul, et par conséquent nous permettrait de maintenir notre thèse, même si le Concordat était dénoncé et les Articles organiques abrogés.

III

Il y a mieux encore : nous avons des textes à invoquer.

Nous n'en trouvons pas, il est vrai, dans le code civil, qui pourtant a réuni dans le titre V de son livre Ier la législation complète du mariage. Il contient une liste limitative des empêchements, et ne mentionne pas dans cette nomenclature l'engagement dans les ordres sacrés. Or c'est un principe incontesté qu'il n'y a pas d'empêchement ni de nullité de mariage sans un texte qui le décide.

Cette omission dans le code n'est d'ailleurs assurément pas involontaire. Le législateur de 1804, dit-on, a donc formellement voulu que les ordres sacrés ne fussent pas un empêchement au mariage civil. Il suffit pour s'en convaincre de se reporter aux travaux prépatoires.

Portalis (1), l'un des principaux législateurs de 1804, affirme que le silence du code est intentionnel et qu'il applique ici son principe de sécularisation : « L'engagement dans les ordres sacrés, dit-il, le vœu monastique et la disparité du culte qui, dans l'ancienne jurisprudence, étaient des empêchements dirimants, ne le sont plus. » Gillet (2) dit de même : « Vous n'y trouverez (dans le projet) aucun de ces empêchements opposés par des barrières purement spiri-

(1) *Exposé des motifs*, n° 18; Dalloz, *Répertoire*, t. XXXI, p. 150.
(2) *Rapport*, n° 56; *Ibid.*, p. 156.

tuelles, non qu'elles ne puissent s'élever encore dans le domaine respecté des consciences, mais elles ont dû disparaître dans le domaine de la loi dirigée par des vues d'un autre ordre. »

La discussion qui eut lieu au conseil d'État le 20 novembre 1813 (1), vient encore corroborer cette argumentation : Des jeunes gens étaient entrés dans les ordres pour échapper au service militaire, puis abandonnaient le sacerdoce et voulaient se marier. Napoléon se préoccupe de cette situation. Le conseil et l'empereur émettent l'avis qu'il faut faire une loi pour interdire aux prêtres de se marier; cette loi ne fut jamais faite. Si, conclut-on, en 1813, il fallait faire une loi pour empêcher le mariage des prêtres, c'est que la loi existante n'y mettait pas obstacle.

Ce n'est pas ainsi, pensons-nous, qu'il faut interpréter cette discussion du conseil d'État. La question qu'on y examinait n'était pas celle de savoir s'il y a en droit civil empêchement au mariage des prêtres, mais bien une question de droit criminel. M. Dupin lui-même, qui pourtant soutient la thèse contraire à la nôtre, le reconnaissait, en 1833, à la Chambre des députés (2). Il s'agissait, en 1813, de savoir comment on réprimerait la conduite de ces faux prêtres qui ne sont que des réfractaires, et l'on parlait de prononcer contre eux les peines du carcan et du bannissement (3). Quant à la question de droit civil qui est la nôtre, on ne s'en est pas occupé. Et si l'on peut tirer quelque argument pour sa solution de la discussion au conseil d'État, c'est plutôt en faveur de notre thèse. Berryer (4), en effet, l'interprétait ainsi : Napoléon part de cette idée que, quand un homme se fait prêtre dans son empire, c'est avec le consentement du pouvoir civil, puisqu'il met certaines conditions à l'ordination : donc, suivant l'empereur, cet homme contracte une sorte de mariage; s'il veut ensuite se marier dans le monde civil, il faut lui appliquer les peines de la bigamie.

Au moins, dira-t-on, reste contre notre thèse l'argument tiré du silence du code civil et de ses travaux préparatoires.

Il est exact que le titre V du livre Ier du code civil ne range pas les ordres sacrés parmi les empêchements au mariage, et que cette

(1) Mermillod, *Plaidoirie*, Dalloz, 32, II, 46.
(2) *Moniteur* du 24 février 1833, p. 504, col. 3.
(3) *Ibid.*
(4) *Discours à la Chambre des Députés*, 23 février 1833, *Moniteur* du 24, p. 505, col. 2.

omission ne provient pas d'un oubli; mais ce titre ne renferme pas toute la législation du mariage. Tout le monde reconnaît qu'il y a d'autres empêchements que ceux qui figurent dans la nomenclature de ce titre, ceux qui sont indiqués aux titres *du Divorce* et *de l'Adoption*, et même que des lois autres que le code civil ont aussi créé des empêchements au mariage; tel est, de l'aveu de tous, le décret du 16 juin 1808 sur le mariage des militaires. Eh bien, il en est de l'empêchement dirimant résultant des ordres sacrés comme de l'empêchement prohibitif au mariage des militaires. Il se trouve édicté par une loi en dehors du code; cette loi, ce sont le Concordat et les Articles organiques; voilà les lois auxquelles nous faisions allusion en disant que nous avions des textes à invoquer, et que nous allons maintenant examiner.

IV

Le Concordat rétablit en France l'exercice public du culte catholique; l'État s'est engagé à le protéger et, *a fortiori*, à ne pas le troubler; or l'ordination est un acte public du culte; la loi civile est donc, en vertu de l'obligation acceptée par le pouvoir qui signa le Concordat, tenue de ne pas se rendre complice de la violation de l'engagement contracté par l'ordonné au jour de l'ordination, c'est-à-dire de ne pas sanctionner ni permettre son mariage, qui constituerait une violation de cet engagement. Le Concordat donne ainsi à l'Ordre une sorte de consécration légale.

Les Articles organiques qui l'accompagnent ont en outre rendu vie et force exécutoire aux canons reçus en France. L'article 6 de cette loi range, en effet, parmi les cas d'abus déférés comme délits au conseil d'État l'infraction aux canons reçus en France; l'article 26 parle également de canons reçus en France et relatifs au clergé. Il y a donc des canons reçus en France, telle est la conclusion évidente et nécessaire de ces textes. Mais quels sont ces canons reçus en France? Ce sont tous les canons qui, depuis leur publication, n'ont pas été écartés par une loi de l'Etat. Or les canons des conciles de Latran et de Trente qui interdisent le mariage aux clercs ordonnés ont été reçus en France; ils étaient unanimement appliqués avant la Révolution; ils n'ont été écartés par aucune loi depuis le Concordat; s'ils l'ont été par quelques lois de la Révolution, ce n'étaient là que des lois de persécution, elles ont été bientôt abrogées, et les canons n'ont cessé que temporairement d'être reçus. De ce que le Code civil n'en a pas parlé, on ne peut pas conclure qu'il a voulu les écarter; il constitue, en effet, une loi générale; il n'a donc pas dérogé aux règles spéciales résultant des canons, car, dit un adage de droit, *generalia specialibus non derogant.*

Mais on objecte que, si l'argument tiré des Articles organiques, relatifs aux canons reçus en France, était fondé, il serait facile d'en faire sortir l'ancien régime tout entier (1). Suivant nous, l'objection n'est pas fondée : si les Articles organiques ont remis en vigueur les canons interdisant le mariage au clergé, ils n'ont pas rendu force exécutoire, par exemple, aux canons qui font un empêchement dirimant de la parenté collatérale jusqu'au huitième degré de la computation civile, parce que les articles 162 et 163 du Code civil les ont formellement repoussés. Il en est de même des canons qui ordonnent la célébration du mariage devant le curé ou qui interdisent le divorce; ils sont formellement écartés par les articles 76 et 229 à 232 du code civil. Bref, les canons dont on prétendrait faire sortir l'ancien régime tout entier à l'aide de notre argument basé sur les Articles organiques, sont repoussés par des lois formelles de l'État : ceux qui se réfèrent au mariage des clercs ne le sont pas.

On dit encore (2) que les Articles organiques ont été interprétés même par les représentants du Saint-Siège comme ne mettant aucun obstacle au mariage des ecclésiastiques, mais on ne le prouve pas. Le cardinal Caprara écrit, il est vrai, les 13 et 27 juin 1802 (3), au cardinal Consalvi, qu'il déplore les Articles organiques, parce qu'ils foulent aux pieds les droits de l'Église; il dit même, dans ses lettres des 10 juillet (4) et 19 septembre 1802 (5), qu'il craint qu'on ne veuille plus reconnaître les empêchements canoniques; mais les empiètements de l'État qui l'attristent ne sont-ils pas plutôt ceux qui touchent au droit administratif, tels que l'organisation de l'appel comme d'abus, l'obligation d'enseigner dans les séminaires la déclaration de 1682, l'exigence de l'autorisation gouvernementale

(1) Serrigny, *Revue de Droit français et étranger,* 1845, p. 387.
(2) Proc. gén. Ronjat, *Conclusions,* Dalloz, 88, 1, 103.
(3) D'Haussonville, *l'Église romaine et le premier Empire,* t. I, p. 526 et 534.
(4) *Ibid.*, p. 540.
(5) Theiner, *Histoire des deux Concordats,* t. II, p. 530.

pour les synodes? Et si les deux dernières lettres citées parlent des empêchements au mariage, rien ne dit qu'il s'agisse de l'empêchement d'ordre. Enfin, le cardinal exprime des craintes, elles n'étaient pas fondées en ce qui touche le mariage des clercs, voilà tout.

Du moins, il faut reconnaître que Portalis interprétait la législation concordataire en ce sens qu'elle ne s'oppose pas au mariage des ecclésiastiques. « Leur mariage, dit-il (1), s'ils en contractaient un, ne serait point nul aux yeux des lois politiques et civiles. » Une lettre de Portalis à l'empereur, le 24 prairial an XIII (2), conclut encore dans le même sens.

Mais que peuvent les explications de l'un des rédacteurs de la loi contre le texte de cette loi? De plus, n'est-il pas permis de croire que Portalis, pour faire adopter les Articles organiques, enveloppait sa pensée de termes qui la déguisaient?

Nous pouvons d'autant mieux le supposer que quelques années plus tard nous voyons le même Portalis écrire, sur l'ordre de l'empereur, trois lettres des 14 janvier 1806, 30 janvier (3) et 9 février 1807 (4), qui enjoignent aux fonctionnaires de s'opposer aux projets de mariage formés par des ecclésiastiques.

N'est-ce pas là l'exécution, par le gouvernement lui-même, des canons reçus en France et remis en vigueur par le Concordat et les Articles organiques?

Il y a plus que des lettres ministérielles à invoquer en ce sens : des lois ont considéré les membres du clergé catholique comme des hommes à part; ce sont l'avis du Conseil d'État des 4 et 20 novembre 1806 interprétant avec force de loi l'article 427 du code civil, en ce sens que les curés sont dispensés de la tutelle, les lois du 22 mars 1831, article 12, et du 13 juin 1851, article 8, qui dispensent du service de la garde nationale les ministres des cultes et les élèves des grands séminaires, celle du 27 juillet 1872, article 20, qui les dispense du service militaire.

Nous concluons donc que, par application du Concordat qui oblige l'État à respecter le libre et public exercice du culte, et des Articles organiques qui remettent en vigueur les canons reçus en

(1) *Discours au Corps législatif*, séance du 15 germinal an X, *Moniteur* du 16, p. 789, col. 1.

(2) *Discours et Rapports sur le Concordat*, p. 370.

(3) Locré, *Législation civile*, t. IV, p. 610 et 611.

(4) Favard, *Répertoire*, t. III, p. 459.

France, il faut voir dans l'engagement dans les ordres sacrés un empêchement dirimant au mariage.

Peu importe qu'un ecclésiastique qui veut se marier allègue qu'il a abandonné ses fonctions sacerdotales, peu importe qu'il ait même abandonné la religion catholique, car, d'après les canons reçus et devenus lois de la France, la qualité imprimée par les ordres est indélébile, et, par suite, l'empêchement au mariage subsiste durant toute la vie de l'ordonné.

Mais, objecte-t-on, c'est là une violation manifeste du principe de la liberté de conscience. De quelque façon que l'on juge les maximes du droit public moderne, fût-on même d'avis qu'elles sont mauvaises, force est de reconnaître qu'en fait la liberté de conscience est, aux yeux du législateur français depuis la Révolution, le plus essentiel de ses principes. Comment donc peut-on soutenir que la loi impose au prêtre catholique devenu hérétique ou athée l'obligation de garder le célibat, n'a-t-il pas répudié la religion qui seule le lui avait imposée? Le caractère ineffaçable du sacrement de l'ordre n'est pas reconnu par la loi civile, ou du moins elle l'ignore et ne s'en préoccupe pas.

« La liberté de conscience! répond l'abbé Thibaudier (1), nous la regardons comme inviolable, et l'Église, quoi qu'on en ait dit, en tient compte plus que personne. » Mais l'abjuration, même supposée consciencieuse, ne suffit pas pour donner au prêtre le droit de se marier, « car c'est un droit auquel il a renoncé pour jamais le jour de son ordination. L'Église lui demande ce jour-là, en échange du caractère ineffaçable qu'elle allait lui conférer, une promesse absolue, irrévocable de garder le célibat, et il promit. En vain, il a depuis rompu avec l'Église; son engagement n'était pas subordonné à son union avec elle, c'est un engagement absolu et immuable (2). »

Que le changement de croyances religieuses soit sincère, nous voulons bien l'admettre; mais la nouvelle religion qu'a embrassée le prêtre ne lui interdit pas le célibat; car, de droit naturel, aucune loi religieuse ou civile ne peut rendre le mariage obligatoire. Aussi pour les prêtres qui ont répudié le catholicisme, le célibat est-il possible et permis; cela suffit pour continuer à leur appliquer la loi qui le leur commandait et à laquelle ils se sont irrévocablement

(1) *Le Correspondant* du 25 mars 1863, p. 608.
(2) *Ibid.*

soumis? D'ailleurs « le respect de leur célibat n'est-il pas le meilleur moyen de montrer que leur séparation n'eut son principe dans aucune dégradation morale, mais dans une conviction sincère (1)? »

On ne peut plus forcer l'homme qui vient dire : « Je ne crois plus », à célébrer la messe et à continuer ses fonctions sacerdotales. Mais quand cet homme vient dire : « Je suis las de vivre seul », l'État peut lui répondre : « Tant d'autres, sans l'avoir juré, sont obligés de s'y résigner. Regarde mes soldats durant les années de leur plus belle jeunesse. Regarde mes marins tant que j'ai besoin d'eux sur mes vaisseaux. Considère le mari veuf de cette femme vivante, ou la femme veuve de cet homme que la justice a pour toujours séparé d'elle. Ils n'ont rien promis, rien voué, rien reçu de moi ni de la société en conséquence d'aucun engagement; et cependant ils se taisent, et si, par hasard, ils élevaient des réclamations, je serais sourd à leurs demandes (2). »

V

Des arguments que nous venons de présenter et spécialement des Articles organiques, il résulte qu'en droit civil il y a empêchement dirimant au mariage des personnes engagées dans les ordres majeurs. Il est pourtant des jurisconsultes (3) qui n'y voient qu'un empêchement prohibitif. Ils abandonnent l'argument tiré des Articles organiques et s'en tiennent à celui qui résulte du Concordat. L'État s'est engagé à protéger et respecter l'exercice public du culte, disent-ils, donc en particulier l'ordination des prêtres; les fonctionnaires ne doivent pas y mettre obstacle; en particulier l'officier d'état civil se voit par là interdire de prêter la main au mariage d'un prêtre, parce que ce serait méconnaître les conséquences nécessaires d'un acte du culte que l'Église a le droit de faire. Or, une défense ainsi faite par la loi à l'officier d'état civil n'est pas autre chose qu'un empêchement prohibitif.

On a essayé d'invoquer en ce sens le témoignage de Portalis. Nous avons vu que, dans l'Exposé des motifs du code civil sur le mariage et dans son discours au Corps législatif sur le Concordat,

(1) *Le Correspondant* du 25 mars 1863, p. 609.
(2) *Ibid.*
(3) Aubry et Rau, *Cours de Droit civil*, 4e édition, t. V, p. 95.

il déclare que les ordres sacrés ne sont pas un empêchement dirimant; nous avons vu aussi que dans ses lettres il interdit aux officiers d'état civil de célébrer le mariage de prêtres catholiques. S'il déclare que l'empêchement n'est pas dirimant, il ne dit point qu'il n'y ait pas un empêchement prohibitif; et ses lettres supposent qu'il y a empêchement prohibitif, car par définition l'empêchement prohibitif est celui qui, sans annuler le mariage une fois célébré, met obstacle à ce que l'officier d'état civil célèbre le mariage projeté. Grâce à cette explication, Portalis serait conséquent avec lui-même dans ses différentes assertions.

Toutefois, de ce que Portalis déclare qu'il n'y a pas empêchement dirimant, il serait téméraire de conclure qu'il y a empêchement prohibitif. Il se peut qu'il veuille dire qu'il n'y a pas empêchement du tout; en cela il se trompe; toutefois de ce qu'il repousse l'une des trois opinions soutenues, il ne résulte pas qu'il admet la seconde plutôt que la troisième.

Quant aux lettres, elles se justifieraient si la loi avait créé un empêchement prohibitif. Mais leur rédaction est trop indécise et flottante pour permettre une telle induction. Cet argument serait admissible s'il s'agissait de reconstituer à l'aide du raisonnement les textes perdus d'une législation ancienne, il n'est pas suffisant alors qu'on est en possession de toute la législation rendue sur la matière.

Enfin, si l'on admet, comme nous l'avons fait, l'argument fondé sur les Articles organiques et auquel on n'oppose aucune objection irréfutable, il faut dire que l'empêchement est dirimant; car ce motif ne laisse pas de milieu, et il y aurait contradiction à ne pas aller jusqu'au bout du raisonnement; en effet, si l'empêchement existe en vertu des canons de l'Église, il ne peut être que dirimant, attendu que d'après ces canons il est incontestablement dirimant.

VI

La loi des 13-19 février 1790 supprima en France les ordres religieux dans lesquels on s'engage par des vœux solennels. Elle déclara que désormais la législation de l'Etat ne reconnaîtrait plus ces sortes de vœux. Le droit révolutionnaire refusait donc d'y voir, comme l'ancien droit, un empêchement au mariage.

Cette législation ne fut-elle pas modifiée par la loi du 18 germinal an X dans l'article 6, où elle parle des canons reçus en France? Il semble qu'on doive l'admettre et que la situation soit la même que pour la question de l'empêchement au mariage résultant des ordres sacrés. Mais cette solution se heurte à la disposition par laquelle le décret du 3 messidor an XII, postérieur aux Articles organiques, ordonne l'exécution de la loi de 1790.

Toutefois cet état de choses a été partiellement modifié cinq ans plus tard. Le décret du 18 février 1809, en effet, décide, dans ses articles 7 et 8, que les novices des congrégations hospitalières de femmes peuvent, dès leur majorité, s'engager par des vœux de cinq ans, devant l'officier d'état civil. Voilà des vœux reconnus encore aujourd'hui par la loi civile; il en résulte donc un empêchement au mariage (1).

On dit que c'est là un empêchement prohibitif (2). Ici nous n'avons pas, comme à propos de l'empêchement d'ordre, d'objection à faire à cette opinion, car nous ne pouvons plus invoquer les Articles organiques comme remettant en vigueur les canons reçus en France, nous venons de le dire. D'ailleurs il n'y a pas en France de vœux solennels pour les religieuses (3); or, des vœux solennels seuls résulte un empêchement canonique dirimant (4).

VII

En résumé, la législation française ne met aucun obstacle au mariage des religieux qui n'ont pas reçu les ordres majeurs, elle ne crée qu'un empêchement prohibitif au mariage de certaines religieuses, et dans un cas très particulier. Il est donc à souhaiter qu'une loi nouvelle vienne se mettre sur ce point d'accord avec le droit canonique, d'après lequel, sauf quelques exceptions, le vœu solennel est un empêchement dirimant, et le vœu simple un empêchement prohibitif (5).

Quant aux ordres sacrés, notre opinion est que, dans l'état

(1) *Contra* Gauthier de Clagny, *loc. cit.*, p. 504.
(2) Aubry et Rau. *Cours de Droit civil*, 4e édition, t. V, p. 98. — Demolombe, *Cours de Droit civil*, t. IV, p. 214.
(3) Voir notre *Synopsis impedimentorum matrimonii*, sect. II, art. 8, *De Impedimento voti.*
(4) *Ibid.*
(5) *Ibid.*

actuel des textes et sans qu'il soit besoin d'y rien changer, le droit civil reconnaît un empêchement dirimant au mariage des personnes engagées dans les ordres majeurs, exactement comme le droit canonique (1), puisqu'il ne fait que donner force de loi civile à des canons, ceux qui sont reçus en France.

Mais si, d'après nous, tel est en réalité le droit français, ce n'est pas cette législation qui sera appliquée désormais dans la pratique, la Cour de cassation ayant jugé qu'il n'y a pas d'empêchement au mariage; nous ne pouvons que souhaiter qu'elle revienne à sa doctrine antérieure à 1888. Ceux même aux yeux de qui la nouvelle jurisprudence se justifie au point de vue du droit, et qui pensent que, si la loi a le tort de contredire sur ce point la doctrine de l'Église, l'arrêt de 1888 interprète exactement en fait la volonté du législateur de 1801 et de 1804, doivent reconnaître que ce changement de jurisprudence est survenu à un mauvais moment. A une époque d'hostilité contre l'Église, et d'attaques incessantes contre le Concordat, le nouvel arrêt se présente sous de fâcheuses apparences; en effet, il a donné l'occasion de dire que la Cour de cassation, ce que nous ne voulons pas croire, a cédé aux injonctions formulées par les adversaires du catholicisme entre la date du pourvoi contre l'arrêt d'Amiens et celle de sa dernière décision.

Faut-il considérer cet arrêt comme définitif, et consacrant désormais une nouvelle jurisprudence, d'autant plus irrévocable qu'elle marche d'accord avec les auteurs? Faut-il n'y voir qu'une oscillation, telle qu'on a pu quelquefois en rencontrer dans des points de droit controversés, surtout quand la politique y mêle ses passions? Faut-il croire qu'avec un nouvel état de choses et d'autres idées dominantes, l'ancienne jurisprudence, même en l'absence d'une nouvelle disposition législative, revivrait parmi nous? Nous le croyons facilement. Pour beaucoup, malgré le poids de l'ancienne jurisprudence et la force des arguments, la question est et restera controversable, et dans ce cas personne ne niera que des circonstances extérieures au droit pur ne puissent provoquer une solution tout à fait différente. Cette solution, d'après nous, dépendra toujours en pratique d'un principe supérieur d'ordre public et social.

Si nous devions aboutir à la séparation de l'Église et de l'État, c'est-à-dire à un état de société, où la loi ne part pas de Dieu et

(1) *Ibid.*, sect. II, art. 7, *De Impedimento ordinis*.

affecte de ne point connaître l'Église, ainsi que sa discipline, alors le caractère sacerdotal n'aura aucune valeur religieuse ou sociale aux yeux du législateur : comment en tiendrait-il compte dans ses dispositions?

Si la séparation de l'Église et de l'État était repoussée par notre société encore si chrétienne, ou n'affectait que sa charpente extérieure, tout en laissant l'esprit chrétien vivifier l'ensemble de ses relations, alors nous espérerions voir la loi française partir non plus de la Déclaration des droits de l'homme, mais de l'Évangile, et revenir à une jurisprudence justifiée par une pratique de plusieurs siècles. Mieux encore, comme l'Espagne, notre voisine, puisse-t-elle modifier la législation sur le mariage, et y donner place aux empêchements ecclésiastiques, au moins pour les catholiques. Nous verrions se produire l'union des croyances et des institutions, sans laquelle la société ne peut fonctionner librement. Les tiraillements si pénibles résultant de cet antagonisme cesseraient, et la paix sociale si poursuivie de nos jours aurait fait une marche en avant sérieuse dans les voies du véritable progrès.

PARIS. — E. DE SOYE ET FILS, IMPR., 18, R. DES FOSSÉS-S.-JACQUES.

www.ingramcontent.com/pod-product-compliance
Lightning Source LLC
LaVergne TN
LVHW020508230826
846091LV00008BA/3408
* 9 7 8 2 0 1 9 2 3 6 7 2 4 *